DOM MANN

DISSERTATION SUR LES DÉLUGES

Éditions Nielrow – Dijon – France

Traductions, adaptation, correction : G. Nielrow

ISBN : 978-2-490446-04-9

DISSERTATION SUR LES DÉLUGES

DONT IL EST FAIT MENTION CHEZ LES ANCIENS SUIVIE DE QUELQUES CONSIDÉRATIONS PHYSIQUES ET MATHÉMATIQUES SUR CES CATASTROPHES

Par

L'ABBÉ MANN

1784

AVANT-PROPOS

Qu'on ne s'attende pas, avec ce texte, à des révélations fracassantessur les déluges, sinon par leur côté un tant soit peu naïf, *révélations* construites, pourtant en plein siècle des lumières, sur des fables religieuses tirées des livres sacrés.

L'abbé Mann ne pouvait évidemment pas renier sa vocation. Aussi tente-t-il avec quelques chiffres qu'il triture ou torture un peu, de parfumer d'un semblant de science son article qu'il va lire devant les sommités de l'Académie de Bruxelles.

Mais le fond est intéressant et la forme pareillement. Ne serait-ce que pour la comparaison avec ce qui se dit aujourd'hui, en haut-lieu scientifique ou pas, sur des sujets analogues ou pas. On s'apercevra que les fables ont la vie dure – peut-être parce qu'elles sont indispensables aux sociétés humaines – et que des illuminés de la Science racontent n'importe quoi, pourvu qu'il y laisse leur empreinte.

Le lecteur passera ici sur les contradictions et les réflexions qui transpirent l'incohérence pour simplement savourer ce qu'on écrivait et lisait il y a encore peu de temps, -que sont deux siècles ou deux siècles et demi ? - et qui a servi quelque part à maintenir la religion la tête hors de l'eau, ce qui s'avère une très belle occasion pour le dire ici.

Nielrow

SUR LES DÉLUGES

Séance du 17 novembre 1784 de l'Académie de
Bruxelles

I

On peut réduire à six ou sept les déluges, soit réels, soit fabuleux, dont les anciens auteurs païens ont fait mention ; savoir, celui qui submergea l'Atlantide dont parle Platon ; ceux de Dardanus, de Deucalion et d'Ogygès dans la Grèce ; celui arrivé sous Osiris en Égypte ; enfin celui de Xisuthrus, dont Bérose, Abydène, Eupolème, Nicolas de Damas et Alexandre Polyhistor font mention, mais d'après ce que ces auteurs en racontent, il est probable que c'est le même que le déluge universel, et que Xisuthrus n'est que Noë. Je ne parlerai pas, dans cette dissertation, du déluge Cimbrique qui n'était proprement qu'une inondation de la mer ; et d'ailleurs, j'en ai traité fort au long dans mon *Mémoire sur l'ancien État de la Flandre Maritime* (Mémoires de l'Académie de Bruxelles,tome I, § 5 ; page 93 à 113, de la 1ère édition).

Les notices que l'on trouve dans ce qui nous reste des anciens, touchant ces divers déluges, sont tellement obscures et embrouillées, que plusieurs d'entre les modernes ont révoqué en doute jusqu'à l'existence même de ces événements, et ne les ont regardés que comme autant de traditions imparfaites du déluge universel, dont on trouve des traces chez presque tous les peuples de la terre. Cependant, si on prend la peine de remonter aussi loin que l'on peut vers la source des traditions touchant quelques'uns au moins de ces déluges particuliers, on ne peut guère douter qu'ils ne soient réellement arrivés, quoiqu'ensuite on en ait fort embrouillé les circonstances, soit en les confondant ensemble et en rapportant de l'un des circonstances qui n'appartiennent qu'à l'autre ; soit en y mêlant d'autres traits qui ne peuvent regarder que le déluge universel. Voici ce qu'on trouve de plus raisonnable sur chacun de ces événements.

II

L'Atlantide, ou l'Île Atlantique a été célèbre dans l'Antiquité. Platon, Aristote, Théopompe, Diodore de Sicile, Strabon, Aelien et d'autres en ont parlé et dit des choses extraordinaires. Selon eux l'Atlantide était une grande île dans l'Océan Occidental, située vis-à-vis du détroit de Gadès. De cette île on pouvait aisément en gagner d'autres, qui étaient près d'un grand continent plus vaste que l'Afrique et l'Asie. L'Île Atlantique était de la plus grande fertilité, et était habitée par des colonies de Phéniciens, enfin elle fut engloutie sous les eaux ; et longtemps après, la mer était encore pleine de bas-fonds et de bancs à l'endroit où cette île avait été. On dispute à présent, tant sur l'existence, que sur le lieu où était cette fameuse île. Quelques-uns veulent qu'elle n'ait jamais existé, et que tout ce que Platon et d'autres après lui en disent, n'est qu'une pure fable, ou peut-être une allégorie : en ce sens Monsieur Baer soutient que sous le nom d'Atlantiques, Platon a voulu décrire la Judée et le peuple Hébreu. Rudbeck, au contraire, veut que la vraie Atlantique ne soit autre que la Scandinavie : Sanson et d'autres prétendent que c'est l'Amérique. Mais l'opinion la plus probable est que l'Atlantique était une grande île qui s'étendait depuis les Canaries jusqu'aux Açores, et que ces groupes d'îles sont les restes qui n'ont point été engloutis sous les eaux ; enfin que cette iondation a été l'effet d'un tremblement de terre.

III

Lycophron, Diodore de Sicile, le Scholiaste grec de Homère, le poète Nonnus, et autres, parlent d'un déluge arrivé au temps de Cadmus et de Dardanus : les meilleurs chronologistes le place à l'an 1477 avant l'ère chrétienne. Diodore de Sicile (livre V.) en parrle dans ces termes : « On tient qu'un ancien déluge arriva en Samothrace, et que le Pont-Euxin autrefois fermé comme un lac, étant pour lors tellement grossi par l'inondation de plusieurs fleuves, qu'il se déchargea dans l'Hellespont, couvrit toutes les côtes maritimes de l'Asie et les campagnes de la Samothrace, dont les habitants se retirèrent sur les montagnes ; qu'après le déluge, Saon rassembla ces peuples ; que Dardanus sortit de cette île pour aller en Asie (où il devint le premier roi de Troie), et que Cadmus y vint épouser Harmonie, fille dAtlas ». D'après ce récit de Diodore, plusieurs auteurs ont supposé, que pendant le déluge de Dardanus, les eaux du Pont-Euxin s'ouvrirent pour la première fois un passage par le Bosphore de Thrace, et par le détroit des Dardanelles ; Monsieur de Tournefort, dans sa *Relation d'un Voyage du Levant*, a adopté cette opinion, et a cherché à la faire valoir, mais sans beaucoup de succès. Nonnus, dans le troisième livre de ses *Dionysiaques*, décrit en détail ce déluge de Dardanus, ainsi que ceux de Deucalion et d'Ogygès.

IV

Ces deux derniers sont les plus célèbres de tous ceux dont il est parlé dans l'Antiquité païenne ; car il y a peu d'auteurs anciens qui n'en aient fait mention. La tradition qui les regarde, était très simple dans son origine ; mais elle s'est chargée dans la suite de circonstances merveilleuses, tirées d'ailleurs, qui l'ont tout à fait dénaturée, et qui ont fait confondre ces deux déluges avec celui de Noé.

Quant au déluge de Deucalion, les marbres d'Arondel en fixent l'époque à l'an 1529 avant l'ère chrétienne, trois ans avant la sortie des Israélites de l'Égypte ; c'est aussi le sentiment du Père Pétau, et des plus savants chronologistes. Ce déluge inonda la Thessalie ; Aristote dit qu'il couvrit la partie de la Grèce nommée Hellas, laquelle comprenait l'Étolie, l'Arcanie, la Thesprotie et une partie de l'Épire. C'était dans ces pays que régnait Deucalion : celui-ci échappa au déluge et bâtit un temple à Jupiter Phrygius, par le secours duquel il croyait s'en être sauvé. Ce monument durait au temps de Pisistrate, qui en le réparant et le consacrant à Jupiter Olympien, en fit un des beaux édifices de la Grèce. Il subsistait encore sous ce titre au temps de l'empereur Hadrien, qui y fit aussi beaucoup travailler. Deucalion établit des fêtes en l'honneur de ceux qui avaient péri dans l'inondation ; elles se célébraient encore du temps de Sylla, au premier du mois Anthistérion, et se nommaient Hydrophoria. Ces monuments semblent établir la certitude du déluge de Deucalion, et mettre cet événement hors de doute.

V

Le déluge d'Ogygès arriva selon Acusilaus cité par Eusèbe (Prae. Ev. 1. X, c. 10) 1020 ans avant la première Olympiade ; ce qui revient à l'an 1796 avant l'ère chrétienne, 267 ans avant le déluge de Deucalion, et 2 ans avant la mort du patriarche Jacob. Ogygès était venu des pays de l'Orient ; il régna pendant 35 ans dans l'Attique et dans la Béotie, et spécialement sur les peuples nommés Ectens ou Actenes, aux environs du lac Copaïs. Le déluge qui arriva de son temps, dévasta l'Attique et la Béotie : cette dernière contrée était basse et marécageuse, et elle fut près de 200 ans à redevenir habitable, s'il en faut croire la tradition conservée par Georges le Syncelle. Selon quelques auteurs,

Ogygès périt dans ce déluge ; d'autres prétendent qu'il quitta le pays à l'approche de cette inondation ; il y en a aussi qui doutent de sa réalité ; en effet, il se pourrait qu'il ne s'agit dans son histoire que d'un récit qu'Ogygès aurait fait du déluge universel.

VI

Les déluges d'Ogygès et de Deucalion ont été célébrés chez les Grecs, sous les noms de Premier Cataclysme et Second Cataclysme ; on les nommait aussi Inondations. Les premiers auteurs qu'on trouve, qui en ont fait mention, sont le poète Pindare, Acusilaus d'Argos et Hellicanus de Lesbos, cités par Eusèbe et par Jules l'Africain. Après ceux-ci viennent Platon et Aristote, qui en ont parlé à peu près dans les termes qu'on vient de voir dans la description que j'en ai donnée. Ensuite on trouva dans l'Histoire Chaldéenne de Bérose de quoi embellir la tradition Grecque touchant le déluge de Deucalion en particulier, comme étant le plus fameux. Abydène, Eupolème, Alexandre Polyhistor et autres copistes de Bérose, parlèrent d'une arche ou vaisseau fermé, dans lequel Deucalion se sauva : Apollodore en parle dans sa Bibliothèque (livre I. chap. 7). Bientôt après, on y joignit l'idée d'universalité, et de la destruction de toute la race humaine, à l'exception d'une seule famille, conservée par une protection particulière du Ciel. Ovide, Plutarque et Lucien ont adopté cette opinion : les deux derniers y ont ajouté, en parlant de Deucalion, la circonstance des oiseaux lâchés de l'arche, pour s'assurer que les eaux s'étaient retirées de la terre. C'est à cause de ces circonstances, que Philon le Juif, saint Justin Martyr, et Théophile d'Antioche, entre les anciens, et que Saumaise, Prideaux, Bianchini, et plusieurs autres modernes, ont cru que le déluge de Deucalion était une seule et même chose avec celui d'Ogygès, et que l'un et l'autre avaient été imaginés par les Grecs sur le modèle de celui de Noé. Mais les plus savants d'entre les anciens Pères de l'Église, comme Tatien, Jules l'Africain, Clément d'Alexandrie, Eusèbe, Orose, saint Augustin, etc, distinguent formellement le déluge de Noé des deux inondaions d'Ogygès et de Deucalion ; de même que l'idée de l'universalité de ces deux derniers, était inconnue chez les auteurs païens avant Ovide, ou au moins avant que l'histoire chaldéenne de Bérose eût été connue des Grecs. Tous assurent en termes formels, que les inondations d'Ogygès et de Deucalion ne s'étendirent pas au-delà d'une partie de la Grèce, et que dans les pays mêmes qui en éprouvèrent les plus funestes effets, la désolation ne fut pas universelle. Mais le merveilleux dans ces sortes de faits, une fois commencé, va toujours en augmentant. Dans Platon, l'inondation d'Ogygès était l'ouvrage d'une seule nuit ; selon Apollodore, elle dura neuf jours et neuf nuits ; Jules-Solin (Chapitre XVII) la fait durer neuf mois.

VII

C'est assez dire des déluges arrivés chez les Grecs pour faire juger ce qu'il en faut penser. Platon dans le *Timée* dit que Solon parlant de ces déluges aux prêtres de Saïs en Égypte ils l'assurèrent qu'on en trouvait les détails dans leurs annales, et lui en apprirent des circonstances qu'il ignorait. Ce fut à cette occasion que ces prêtres égyptiens s'écrièrent : « Solon, Solon ! Vous autres Grecs serez toujours des enfants ; il n'y a point de vieillards chez les Grecs ».

Nous devons presque tout ce que nous savons de l'ancienne histoire d'Égypte, à Manethon, grand prêtre, et dépositaire des Annales de ce pays, qui en écrivit l'histoire par ordre de Ptolémée Philadelphe, et dont des fragments nous ont été conservés par Jules l'Africain, Eusèbe et Georges Syncelle. Diodore de Sicile a suivi principalement Manethon en ce qu'il dit dans le premier livre de son histoire touchant celle des Égyptiens ; il dit que le roi Osiris étant allé en Éthiopie, menant avec lui un grand nombre d'hommes qu'il avait levés pour cultiver ce pays, y bâtir des villes et y établir des gouverneurs ; il arriva pendant son absence un déluge qui inonda toute l'Égypte, et que Prométhée, gouverneur du pays, en serait mort de chagrin, si Hercule n'eût trouvé le moyen d'arrêter l'inondation. D'ailleurs, dans l'histoire d'Osiris et de son frère Typhon, on trouve beaucoup de circonstances qui semblent relatives au déluge de Noé, surtout par rapport au jour où le déluge commença, et où Osiris, suivant Plutarque (*de Isis et Osiris)* s'enferma dans l'arche ; l'on veut que le nom même de Typhon signifie une inondation ; et en effet, les Arabes expriment encore aujourd'hui le déluge universel par le mot al tû-fân.

VIII

Bérose le Chaldéen raconte dans son histoire, qu'à la dixième génération après le premier homme et sous le roi Xisuthrus, Belus ou Chronos, irrité par les crimes de la race humaine, la détruisit par un déluge universel, et q'il conserva seulement Xisuthrus et sa famille, avec une paire de chaque espèce des quadrupèdes et des oiseaux ; par le moyen d'un vaisseau fermé de toutes parts de cinq stades de longueur et de deux de largeur, dans lequel il les fit entrer, et dont ils ne sortirent qu'après que Xisuthrus se fût assuré, en lâchant divers oiseaux, que le déluge avait cessé et que la terre commençait à se sécher. Il fit alors une ouverture dans le vaisseau, et il trouva qu'il s'était arrêté sur une montagne et dès lors il en sortit ; puis, ayant adoré la terre, érigé un autel, et sacrifié aux Dieux, il disparut. Ceux qui étaient restés dans le vaisseau, voyant que Xisuthrus ne revenait plus, mirent pied à terre pour le chercher, l'appelant tout haut par son nom, mais ils ne le revirent plus ; seulement il sortit une voix de l'air, qui leur ordonna d'être religieux ; et qui leur apprit que la piété de Xisuthrus l'avait fait transporter dans le séjour des Dieux ; enfin, la voix ler prescrivit de prendre la route de Babylone.

Cette relation de Bérose nous a été conservée par Joseph le Juif, dans ses livres contre Apion, et dans les fragments d'Abydène et d'Alexandre Polyhistor, cités par Eusèbe, par saint Cyrille, et par Georges le Syncelle. La grande conformité qui se trouve entre les circonstances du déluge de Xisuthrus, roi de

Chaldée, et celui de Noé, n'a rien qui doive surprendre. Bérose, né sous Alexandre le Grand, dédia son ouvrage au troisième des rois Séleucides vers l'an 268 avant l'ère chrétienne ; par conséquent 340 ans après le transport des Juifs à Babylone par Nabuchodonosor. Il était donc naturel que Bérose en travaillant à son histoire, les consultât, ou du moins leurs livres sacrés écrits dans une langue peu différente de la sienne, d'autant plus, que les Juifs étaient Chaldéens d'origine. Après cela on ne peut pas douter que le déluge de Xisuthrus, à quelques détails près que le paganisme de Bérose aurait dénaturés, ne soit le même que celui de Noé.

IX

Les guèbres persans, les brahmanes des Indes, les Chinois, les Américains mêmes, ont conservé la tradition d'un déluge, chacun la racontant à sa manière ; et quoique cette tradition soit imparfaite dans ces différentes nations, on voit bien cependant, que ce n'est que celle du déluge universel, dénaturée dans quelques-unes de ses circonstances.

Ce que Mahomet en dit, dans son Coran est trop curieux pour être oublié ici : « Quand, dit-il, le temps que Dieu avait prescrit pour la punition des hommes fût arrivé, et que le four tannour commença à bouillir et à regorger, Dieu dit à Noé : prenez et faites entrer dans l'arche avec vous; deux couples de tous les animaux ». Ce four que les mahométans nomment tannour, est différent des nôtres : il a son ouverture en haut, et assez étroite. Le tannour donc, commença à bouillir, et les eaux sortirent avec impétuosité de l'intérieur de la terre jusqu'à la couvrir en entier. Après les six mois que dura le déluge, car les mahométans ne le font pas durer davantage, « Dieu, continue Mahomet, commanda à la terre, et dit : terre, engloutis les eaux, ciel puise celles que tu as versées. L'eau commença aussitôt à diminuer ; l'ordre de Dieu fut exécuté. L'arche s'arrêta sur la montagne de Gioudi, et on entendit cette voix du ciel : malheur aux impies ». Il faut avouer que cette description est éloquente et sublime, et vaut bien les systèmes des plus célèbres de nos modernes sur cet objet.

X

Voici enfin, en peu de mots, ce que l'Écriture Sainte nous apprend de cet événement, le plus étonnant de tout ce qui est arrivé depuis le commencement du monde. L'an 1656, selon le calcul du texte hébreu, ou l'an 2262 suivant le texte de la Septante, après que la terre eut été formée et habitée, elle fut couverte par un déluge, qui n'inonda pas certains pays particuliers, mais qui se répandit sur toute la surface de la terre, depuis un pôle jusqu'à l'autre, et depuis l'Orient jusqu'à l'Occident, dans une si grande abondance, que les flots s'élevèrent au-dessus des sommets des plus hautes montagnes. Une si prodigieuse quantité d'eau, causée par une pluie continuelle de quarante jours, et par les fontaines du grand abîme qui s'était ouvertes, eut bientôt englouti les hommes et toutes les créatures vivantes sur la terre, à l'exception de Noé et de sa famille, qui, par une providence particulière de Dieu, furent conservés dans une arche, avec quelques-uns de chaque espèce de quadrupède, d'oiseaux, et de reptiles, qui y étaient renfermés. Après que les eaux eurent ravagé la terre pendant quelques temps, elles commencèrent à baisser, et à se retirer dans leurs canaux et leurs bassins, et dans les cavernes de l'abîme ; les montagnes et les champs commencèrent à reparaître, et toute la terre habitable à prendre la forme que nous lui voyons à présent. Alors le monde fut en quelque sorte renouvelé ; et du petit reste conservé dans l'arche, sont venus les hommes et les animaux qui vivent à présent sur la terre.

XI

Voilà une catastrophe faite pour étonner les hommes qui ne jugent de tout que par les seules forces de la nature ; un accroissement aussi subit qu'immense d'eau, accable leur imagination. Ils ne conçoivent pas d'où sont venues les eaux qui ont couvert toute la terre au-dessus des sommets des plus hautes montagnes, ni ce qu'elles sont devenues après le déluge. Les paroles cependant du texte sacré sont claires et expressives à cet égard ; une partie de ces eaux est venue de l'atmosphère ; le reste, des abîmes renfermés dans l'intérieur de la terre ; après le déluge, elles retournèrent d'où elles étaient venues. Ce n'est nullement le but de cet écrit de justifier ces vérités sacrées ; cela a été fait tant de fois et avec tant de force, qu'une nouvelle défense serait tout au moins superflue ; mais mon intention en l'écrivant, a été de fournir quelques considérations qui peuvent servir à modérer l'étonnement, ou le doute, que ce terrible événement produit quelquefois dans l'imagination des hommes curieux.

XII

Les physiciens savent depuis longtemps que l'air agit constamment et puissamment comme dissolvant de l'eau ; le fluide aérien en est si avide, qu'il en retient une quantité immense en dissolution, dont il se dépouille quelquefois plus, quelquefois moins, quoique jamais entièrement. Mais ce n'est que récemment que l'on croit que l'air même est convertible en eau, et l'eau en air. Les expériences que l'on a faites en divers pays semblent prouver la vérité de cette opinion, ou au moins y donner une certaine probabilité. Or, si une pareille conversion peut être faite par les moyens de la chimie, à plus forte raison pourrait-elle l'être par des forces bien supérieures à celles des hommes ; en sorte que non seulement l'atmosphère lâcherait l'immense quantité d'eau qu'elle tient suspendue en forme de vapeurs, mais que la plus grande partie de l'air même serait convertie en eau pour en augmenter la masse. En considérant une atmosphère de 15 à 16 lieues d'élévation, on laisse à penser quel énorme océan proviendrait de cette seule source !

D'un autre côté, si on fait attention aux vastes réservoirs d'eau, qui non seulement peuvent être renfermés dans l'intérieur de la terre, mais dont les eaux, qui sont rejetées par les volcans, ainsi que tout ce que nous connaissons de la physique souterraine, rendent plus que probable qu'il s'y trouvent en effet ; et, si à tout cela on joint l'idée très philosophique du tannour de Mahomet, dont il est parlé plus haut, on ne sera plus en peine de savoir d'où sont venues les eaux qui ont inondé toute la terre au temps du déluge, ni ce qu'elles sont devenues ensuite. L'idée de ce tannour mahométain n'est pas si ridicule, que plus d'un célèbre physicien d'Europe ne s'en soit fait honneur, sous le nom de pyrophylaces, de feu central, de chaleur interne du globe, auxquels ils ont supposé un accroissement et une expansion subite et extraordinaire au temps du déluge, et ils ont cru cette eau seule plus que suffisante pour faire jaillir de l'abîme toute l'eau qu'il fallait pour submerger la terre.

XIII

Les objets qui nous entourent ne sont grands ou petits que relativement à nos sens. Un homme placé au pied des Alpes devient un infiniment petit quand il se compare à ces énormes masses ; la plus grande chaîne de montagnes n'est presque rien, comparée au globe terrestre. Pour concevoir plus facilement la portion d'eau qu'il fallait pour couvrir toute la terre au-dessus du sommet des plus hautes montagnes, il sera utile de réduire la comparaison et toutes les proportions du déluge universel à l'égard du globe terrestre, à celles d'un globe d'une toise de diamètre. Les objets ainsi réduits deviendront faciles à notre imagination, et feront disparaître beaucoup de cet étonnement dont on ne peut manquer d'être saisi, quand on les considère en grand ; c'est-à-dire, sur une échelle infiniment trop vaste par rapport à nous.

Voici ces comparaisons, dont le calcul, long à la vérité, est facile à faire.

Le degré de latitude à l'équateur est de 56.753 toises de France ; au cercle pôlaire il est de 57.422 ; et au pôle, déduit par comparaison, il est de 57.447, des mêmes toises ; donc, le degré moyen de latitude sur le globe terrestre sera de 57.100 toises.

En partant de ce degré moyen de la terre, on trouvera que son diamètre moyen jusqu'à la surface des continents, non comprises les montagnes, sera de 6.543.200 toises, et son rayon de 3.271.600 toises.

La plus haute montagne connue connue sur la terre, est celle de Chimborazo au Pérou (*En Équateur ; note de l'éditeur*), à laquelle les académiciens français donnent 3.200 toises au-dessus du niveau de la mer. En supposant donc une sphère concentrique à la surface du globe terrestre, et qui passe par le sommet du Chimborazo, le rayon de cette sphère sera de 3.274.800 toises, et son diamètre, de 6.549.600 toises.

Or, $6.543.200^3$ x .5236 la folidité d'une sphère dont le diamètre est 1, on trouvera 146.679.771. 057.101.004.800 toises cubiques contenues dans le globe terrestre jusqu'à la surface des plaines, et non comprises les montagnes.

Et puis :

$6.549.600^3$ x .5236=147.110.601.097.364.889.600 toises cubes contenues dans la sphère concentrique qui passerait par le sommet du Chimborazo.

En prenant la différence de ces deux quantités, on aura 430.830.040.263.884.800 toises cubes contenues dans l'anneau sphérique, ou dans le corps

folide circonscrivant le globe terrestre, y compris
entre sa surface plane et une surface concentrique
qui passerait par le sommet des plus hautes
montagnes de la terre. L'on ne fait pas entrer ici en
ligne de compte toutes les montagnes ni toute
l'élévation des terres au-dessus de la surface de la
mer, qui sont comprises dans cet anneau sphérique
et diminuent d'autant sa capacité à contenir de
l'eau ; car il est impossible de déterminer la somme
totale de leur masse, qu'il faudrait ôter de la folidité
de l'anneau pour avoir la vraie grandeur de la partie
vide qui resterait à remplir d'eau ; d'ailleurs, ce
défaut de précision est en faveur des conclusions
que je tire de ces calculs.

Donc :

$$\frac{146.679.771.057.101.004.800}{[430.830.040.263.884.800]} = 3.404.585 \frac{1}{[17]} \; ou \; 340 \frac{1}{2}$$

à peu près, qui est la proportion du globe terrestre à
l'anneau sphérique et concentrique qui le
circonscrit, celui-ci étant supposé 1 ; c'est-à-dire un
anneau sphérique qui entourerait notre globe et qui
aurait 3.200 toises d'épaisseur, serait la $340 \frac{1}{2}$
partie du globe de la terre pris jusqu'à la surface des
plaines.

Le diamètre moyen de la terre étant de 6.543.
200 toises de France et le Chimborazo étant élevé
de 3.200 toises au-dessus de sa surface, on trouvera
que sa hauteur proportionnelle sur un globe de 6
pieds de France de diamètre, sera de 0,4225 ou
$\frac{5}{12}$ d'une ligne ; ainsi la hauteur comparative
des plus haures montagnes de la terre, étant prise

sur un globe d'une toise de diamètre, n'est pas d'une demi-ligne.

Un globe de 6 pieds de France de diamètre contient 1.954.326.528 pouces cubiques dans sa folidité ; et la pinte de Paris contient 47.3 des mêmes pouces cubiques de France ; donc :

$\dfrac{1.954.326.528}{47.3} = 4.131.768$ pintes de Paris, contenues dans un globe d'une toise de diamètre ; et

$\dfrac{4131.768}{340.5} = 12.134$ pintes. Ainsi il ne faudrait que 12 pintes de Paris pour remplir la cavité d'un anneau sphérique de $\dfrac{5}{12}$ de ligne d'épaisseur et qui circonscrirait un globe d'une toise de diamètre.

En supposant donc, un globe d'une toise de diamètre, et qui aurait dans son intérieur beaucoup d'eau, avec une quantité proportionnée de feu, il est évident qu'il ne faudrait pas un grand accroissement de force dans ce dernier, pour faire jaillir hors du globe la quantité de 12 pintes de Paris ou 3 gallons anglais d'eau. Or, les mêmes proportions tiennent à l'égard du globe terrestre sous le déluge universel.

FIN

Éditions Nielrow
Dépôt légal : 4ème trimestre 2018